만인시인선 · 24

카페 물땡땡

박상봉 시집
카페 물땡땡

만인사

자 서

  풀리지 않는 말 가슴 속에 묻어두고 사흘 밤낮 시름 앓다가 어느 봄날 습한 방안에서 기어나와 본 적도 없는 사람과 바람 부는 거리에서 친구처럼 얼싸안고 나의 어두운 이력을 말해주고 싶다. 의문의 접시 머리맡에 올려놓고 지새어 온 불면의 밤 견디고 나면 시의 빗방울로 세상을 젖게 할 수 있을까?

차례

자서 ─────── 5

1

깊어지는 밤 ─────── 13
넓적한 잎사귀 아래 ─────── 14
연분홍꽃 ─────── 15
가라 ─────── 16
개미들 ─────── 18
두고 온 집 ─────── 19
결핍의 재능 ─────── 20
겨울그저녁의찻집 ─────── 21
숨은 꽃들 ─────── 22
그 시절 ─────── 24
봄날은 간다 ─────── 26
내 생의 이력 ─────── 28
나의 시는 ─────── 30

차 례

2
아름다운 노동 ──────── 33

빼앗긴 들에 봄은 ──────── 34

더디 오는 봄 ──────── 36

봄밤 ──────── 38

명자나무 ──────── 39

자주목련꽃 ──────── 42

자동판매기가 전하는 말 ──────── 44

마흔살의 봄 ──────── 46

친구 ──────── 48

訃音 ──────── 50

술 마시고 취해 본 놈들은 ──────── 52

주머니 속 一錢이여 ──────── 54

희망에 대하여 ──────── 56

龜尾 ──────── 58

雙岩古家 ──────── 60

차 례

3
모감주나무 ─────── 63
숨길 수 없는 노래 ─────── 64
내 것이 아닌 세상 ─────── 66
사랑가 ─────── 68
바늘꽃 ─────── 69
마량포 동백꽃 ─────── 70
사람을 그리워하는 그 일 ─────── 72
사랑이 나를 ─────── 73
다시 그리운 사랑 ─────── 74
미친 사랑의 노래 ─────── 76
강가에 앉아 혼자 울지 않으리 ─────── 78
몽유 ─────── 80

차 례

4
기억들 ——— 83
쎄씨를 읽는 남자 ——— 84
돌 깨는 남자 ——— 86
표절의 이유 ——— 88
효리허리 ——— 90
카페 물땡땡 ——— 92
바깥 ——— 94
아무도 그것에 대해 말할 수 없다 ——— 96
문 잠그고 ——— 97

| 시인의 산문 |
시의 발뒷꿈치 ——— 98

1

깊어지는 밤

깊어지는 밤, 나는 밤나무 숲으로 간다
깊어지는 밤, 나는 밤나무 숲 속으로
나를 보낸다
속절없이 보낸 낮의 행방을 찾으러
함부로 처형시킨 말들이
밤송이처럼 흩어져 있는 숲 속
다람쥐가 되어
껍질만 남은 말을 줍는다
말의 가시에 무수히 손 찔리며
속없는 말을 깐다

넓적한 잎사귀 아래

넓적한 잎사귀 아래 새들이 노래한다
세상은 어둡고 적막하다
적막하다 노래한다
가장 믿었던 것들 속에도
배신이 있었다
겁내지 마라
조락하는 잎사귀의 쓸쓸함이여
슬플 것도 기쁠 것도 없다

고통 다음에 오는 것은 밤기차
망각의 짐을 싣고
아무도 모르게 도피하는 일주일
세월이 달팽이 집을 업고 기어갔다

연분홍꽃

나즉한 부름이 있어 가보니 꽃이
피어 있더라 연분홍 싱싱한 꽃이
눈 맞고 서 있더라 오오, 황홀한 목격
놀랍고 반가워라

의문의 눈을 떨고
연분홍 꽃망울을 만졌더니
번개 치고 뇌성이 울며
꽃이 입을 열더라

누 구 도 사 랑 해 본 적 없 는
세 월 의 독 백 을 몰 래 듣 는 다
봄눈이 나비떼로 천지에 내리고

가라

아무 말없이 떠났다가
어딘가 모르는 곳에서
낯설게 지내다가
한 통 전화도 없이
불쑥 찾아온 너를
반길 사람 아무도 없다

세상은 너를 잊은 지 오래
오랜 기다림의 세월
깨꽃같은 조바심
그 질긴 그림자 지워버린지 이미 오래

어둠인들 어떠랴
적막한들 어떠랴
억지로 정붙이고 사는 재미
고통이 즐거움 되는 줄 알았으니

가라,

시간이 가시처럼 돋아있는
오랜 기다림의 세월
거슬러 올라가
다시 방황하는 너의 날들로
돌아가라

개미들

모차르트를 듣는다
모차르트를 듣는 동안
나의 귀는 한가하다
그리고 그 음악이 끊길 때
나의 귀는 개미가 기는 소리로
가득 찬다 개미들
내 귀의 긴 복도를 통해 들어온다
귀 속에 집을 짓고
연일 극심한 고통의 잠을 잔다
죽음 같은 공포를 느낀다 그것은
하얀 공포다 하얀 개미들
나의 두개골 구석구석
개미의 집으로 가득 차도록
참을성 있게 기다려 준다
개미들 나의 뇌 속에 간직해 주는 것이
오랜 임무인 것처럼 나는 그것을
잊지 않으려고 애쓴다
개미, 하얀 개미들

두고 온 집

 나는 두고 온 집을 생각한다. 오랫동안 그 집을 생각해왔다. 지금 그 집은 너무 먼 곳에 있다. 그 원래의 모습을 상상하기조차 힘들 정도로 까마득해졌다. 그러나, 나는 애쓴다.

 칫솔과 금연담배, 파스 하이드라지드병, 궁둥이에 종일 붙어앉은 의자와 단 하루도 건너 뛸 수 없었던 긴 고통, 짧은 세월…애

 쓴다…잊지 않으려고 애쓴다. 그러나 지금 그 집은 너무 먼 곳에 있다. 밤낮으로 필요불가결하게 사용되어왔던 모든 것이 부재하고 그 집과 나는 더는 아무 상관이 없다는 듯 또한 鈍重한 것이 되어 존재한다.

결핍의 재능

 각별히 존경의 예를 표해오는 사람도 없고 그의 재능을 아껴서 유능한 사원으로 특채해 쓰고자 원하는 직장이 있는 것도 아니었으니 참으로 쓸모없는 짓거리라고 스스로도 생각하였지만 그는 결코 그 일을 그만 두려하지 않았다.

 물빛 같이 희고 여린 손이 어쩌면 그렇게도 섬약해 보였던지 사람들은 그의 손을 가리켜 너무나 얄팍해서 펄프 한 장의 두께에 미칠 정도라고 입을 모았다.

 아, 아, 결핍의 재능이여.

 그는 간간 외칠 뿐이었다. 그런 손으로는 도대체 아무 것도 할 수 없다는 것을 잘 알고 있었다.

 아, 아, 결핍의… 하고 외치는 것이 그가 세상에서 할 수 있는 유일한 일이었다.

겨울그저녁의찻집

겨울그저녁의찻집에
서우린그만헤어져그
랬다당신은마시고남
은빈찻잔처럼차가왔
다음악이어깨너머가
득히무너져내리고무
수히빈의자들이어둠
한켠에서몰려와부서
진다무서웠다나는한
숟갈의설탕이녹을때
까지만그의곁이었을
뿐머리의끝이까맣게
타서죽어있는성냥개
비처럼허리가똑똑부
러진채양철재떨이에
한없이떨어져쌓인다

숨은 꽃들

잠시 눈 감았다가 눈 뜬 사이
숨은 꽃들을 수색하며
생을 다 보냈습니다
유년의 때 묻지 않은 얼굴
나뭇잎 속에 감추었다가
깔깔거리며 들켜주는 아이들은
찾는 꽃이 아니었습니다
빛이 닿지 않는 그림자의 품 속
어디쯤 꽃이 돋았을까
시냇물에 귀를 띄우고
생의 좁은 골목길을 헤매다녔지만
꽃들의 숨바꼭질은 쉬 들켜주지 않는
비밀한 빗장을 걸고 있었습니다
그 문을 열 수 없어 슬픔에 젖었다가
시들어버린 누이
여름날 우기 속으로 떠내려가더니
소식 없습니다 소식 없습니다

우울한 일몰이 비 개인 몬순 지대 밤나무숲으로
벗어놓은 누이의 신발도 끌고 갔습니다

그 시절

그 시절 고린도전서 13장 7절에
가늘게 밑줄 긋고 있을 때
약속 받지 못한 식구들의 꿈은
깊어 가는 가을 적막에 갇혀
은행나무 아래 쓸쓸한 그림자로 남아 있었다
돈 벌러 간 큰형이 보내오는 엽서는
우리 집 주소를 찾지 못하고
작은 형은 읽어본 적도 없는
엽서의 그럴듯한 답장을 써서
어디론가 부치곤 하였다
어머니는 큰 길에 나가
오고 가는 버스를 지키고 섰다가
시집갔던 누이가 뒷문으로 들어와
채송화꽃처럼 부끄럽게 살짝 피었다 질 때
칙칙한 방안에 상한 짐승처럼 드러누웠다
새들의 지저귐도 햇살의 따사로움도
우리 집 지붕에는 내리지 않고
식구들은 희망을 버린 지 오래인 것처럼

뒷짐 지고 서로를 살피며 침묵하였다
시절은 노랗게 물든 은행나무 곁에
목발 짚고 서 있었다

봄날은 간다

꽃들
피었다가 지는 꽃들
잎새에
한 방울
그리움 남기고 지는 꽃들
저물녘 산을 넘어
봄날은 간다

햇살 가득 부려진 마당에
뛰어 놀던 강아지
하품하던 흰 고양이의
봄날은 간다

자작나무 숲길과
홍방울새 구슬피 우짖는 소리
딱정벌레의 이름들
풀과 꽃들과 어울려
一家를 이루었으나

아무도 살지 않는 집

꽃잎은 떨어져 숟가락으로 변하고
뽀얗게 달아진 세월의 발뒷꿈치
황사의 마음만 남겨놓고
봄날은 간다

내 생의 이력

그 해 겨울 우리나라 굴지의 제철회사 정문 앞
입사 면접을 마치고 걸어 나오는데
느닷없이 누가 시린 어깨를 친다
돌아보니 아무도 없고
어느 바람에 쫓겨왔는지
마른 나뭇잎 한 장 발등을 찬다
내 생의 이력이 몇 가지 사소한 질문으로
설명될 수 있었다는 사실을 신기해하는 동안
지친 걸음 끌고나온 그림자가
제철회사 건물 위 아득한 높이로
상심한 비둘기를 날려보낸다
푸른 신호등이 깜박이는 횡단보도 앞에서
건널까 말까 머뭇거리는 동안에도
사람들은 무슨 일이 저리 바쁜지
눈인사도 없이 종종걸음으로 지나쳐 가는데
혼자라는 생각에 움츠러드는 어깨가 더욱 시리다
얼마나 더 몸살 앓아야
이 겨울 혹독한 추위를 견딜 수 있을는지

자본론과 몇 권 시집이 든 가방을 맨 허약한 등뼈에
낯선 사람들의 눈길이 따끔거릴 때
이럴 때, 불러내어 소주 한 잔 나눌 친구가 있었던가
빈 공중전화 부스로 달려가
묵은 수첩을 뒤적이며 수화를 보내지만
길수 경희 채관 병규 두식 경오 종화 세환
모두 부재중
호명한 적 없는 초생달만
먼 산 둔덕에 紙燈처럼 떠오른다

나의 시는

나의 시는 나의 약이다
잦은 기침 멈추게 하는 감기약이다
나의 시는 나의 밥이다
자정 넘어 밀려오는 외로움
마음의 공복을 채워주는 흰쌀밥이다
나의 시는 또 나의 편지다
사랑을 찾아 길 떠나는 노란 편지지
반생애의 상처 아물게 하는
나의 시는 한약처럼 쓰디쓴 추억 속에 있다

2

아름다운 노동

달빛 아래서 노동을 한다
빠르거나 느리게 움직이는 동안
등줄기에 솟아나는 빛나는 물기
젖은 몸 땅 속으로 잦아들고
땀이 식어 가는 중간 즈음
끈적한 이마를 닦아주는 혀
녹슬고 구부러진 못이
빳빳하게 펴질 때까지
달짝지근한 미각을 오래 맛본다
느릿느릿 지구를 한 바퀴 돌아 달 속으로
가늘고 긴 혀의 순례
솟을대 굵은 밑동과 검은 수풀 사이
순백의 살집에 침을 잔뜩 적셔놓는다
강물은 항상 그 즈음에서 넘치고
나는 다시 즐거워진다
휘파람을 불고 있는 아이의 작은 입술이
우주의 문을 열고 있다

빼앗긴 들에 봄은

빼앗긴 들에 봄은
가르마 같은 논길 따라 오지 않는다
고맙게 잘 자란 보리밭 사이로 오지 않는다
빼앗긴 들에 봄은
곧게 뻗은 들안길 식당가 즐비한 곳으로 찾아온다
십만 세대 아파트 단지와 여관촌과
곱창골목에 빼앗긴 상화의 들에
오랜만에 다시 찾아와 보니
쑥이 지천으로 자란 못 둑에 앉아
처음 여자와 입 맞추던 기억도 생소하고
어느 돌덩이에 앉아 햇빛을 쬐던 도마뱀도
맨드라미 제비꽃 들마꽃으로 아름답던 풍경도
푸르고 붉은 네온 꽃 속에 묻혀 흔적조차 가뭇하다
변한 것은 풍경만이 아니다
아주 어릴 적 아버지 손 잡고
조금 더 자라서는 첫사랑의 손을 잡고
거닐던 들길은 간 곳이 없고
빼앗긴 들에 봄은 보리밭 여관으로 찾아온다

어린 온몸에 풋내나는 계집과
중년이 넘어 보이는 사내가
초저녁부터 팔짱을 붙이고 숨어드는 곳,
남녀가 껴안고 몸 부딪히며 내는 소리일까
머리 쥐어뜯기고 뿌리까지 뭉개진 풀들이
들을 빼앗기고 봄조차 빼앗길까 두려워
날카로운 외마디 비명 내지르는 것일까
빼앗긴 들에 봄밤은
말랑말랑 곱창 속에서 익어간다

더디 오는 봄

연꽃마을의 봄은 느릿느릿 더디게 온다
쑥이며 냉이 캐러 소쿠리 옆에 끼고 길 나서는
아낙네들의 썰룩대는 엉덩이 속곳 들추고 싶은,
봄!봄!봄!
연꽃마을로 들어오는 봄 햇살은 11-2번 버스를 타고 온다
목감 인터체인지 지나 수인산업도로 가로질러
39번 국도로 질주하던 물왕리의 봄은
능골 지나서 숨 한번 고르고 속도를 늦추며 들어온다
성인용품 노점상이 온 몸 홍기로 찔려
숨진 채 발견된 도로에 잠시 머뭇거리다가
싱그러운 연둣빛 물 속으로 찌를 내리며
마음의 찌꺼기 함께 던져넣는 시화공단 퇴직근로자
쓸쓸한 뒷등을 톡톡 두들겨 주다가
나분들 포도밭을 지나 아지랑이 굽은 길 덜컹대며 온다
세상 바깥의 봄은 벌써 떠날 채비 서두르는데

사는 사람이 느리다보니 봄도 더디게 오는지
연꽃마을의 봄은 느릿느릿 더딘 걸음으로 온다
다세대 주택 화단에 살구나무 우듬지 돋은 잎눈이
더디 오는 봄을 원망하는 것을 보았을까
사랑하는 사람이 찾아주기를 손꼽아 기다리는 마음이
그와 같은 줄을 알고 있을까
늦게 도착한 봄이니 갈 길이 급하기도 하겠지
살구나무 가지마다 꽃눈이 다 피기도 전에
산수유 개나리 진달래 벚꽃 꽃들이란 꽃은 죄다 불러놓고
썰물 빠지는 소래포구로 뺑소니치는 봄 햇살의
바쁜 발걸음을 누가 붙잡아 둘 수 있을까

봄밤

여자가 울 때는 그냥 침묵해야 해
혼내거나 달래거나 그럭하지 말아야 해
꿈꾸다 깨어나 방구석에 홀로 앉아 흐느끼는
여자를 보더라도 놀라지 마
여자의 눈물은 정한 이치에 따라 흐르는 것이 아니야
굴종을 강요하는 남자에게 무너지는 삶이
억울해서 우는 것이 아니야
바다로 흐르는 강물 막을 수 없듯이
짧은 봄밤이 슬퍼 우는 여자에게
눈물 흘리는 까닭 묻지 마
머리꼭지로 역류해 드는 증오 감당치 않으려거든
매화 꽃비 뿌리며 지고 난 뒷자리에
노란 산수유 활활 타오를 때까지
침묵하며 기다리는 인내를 배워야 해
날품을 떼어 매화음복에나 빠져 살던 시절에는
남쪽가지에 앉은 월조가 우는 사연 알지 못했네
책으로 빚은 사십사 년 세월이 다 헛것이었나 보다

명자나무

예전에는 명자나무가 있는지조차 몰랐다
명자나무라는 이름이 있는 줄 몰랐다
— 명자야. 뭐하니. 놀자. 명자야.
우리 달리기 하자. 돌던지기 하자.
숨기놀이 하자. 명자야.
나 찾아봐라. 나 찾아봐라.
숨어라. 숨어라. 나와라. 나와라. —
이진명 시인의 노래 듣기 전에는
명자나무가 나무의 이름인지 미처 몰랐다
명자나무 알고 난 뒤에도
명자나무에 어떤 꽃이 피는 줄 몰랐다
명자 아끼꼬 소냐 놀려대던 일본식 이름
 차라리 자명으로 바꾸어 부르자고 농을 걸던 그 이름이
 봄을 부르는 나무로 수식되는 것을 몰랐다
 봄이 명자나무 꽃망울에서 시작되는 것을 까맣게 몰랐다
 벚꽃같이 화사하지도 모란같이 요염하지도 못한

촌스럽기 그지없는 명자나무
넘치지 않은 꽃잎 절제된 가지에 돋힌
탐욕스럽지 않은 가시, 눈 여겨 본 적 없다
선홍빛 붉은 얼굴 수줍게 피어나는 명자나무꽃을
아가씨꽃이라고 부른다는데
위험한 사랑 꿈꾸게 하는 나무라고
명자나무꽃을 보면 바람난다고
집안에 명자나무를 심지 못하게 하였다는
그럴듯한 옛날의 구설이 있다는 것도 알지 못했다
생강나무가 산수유나무인줄 알고
영산홍 산철쭉이 다 진달래꽃인줄 알았던 시절
옛집 뒤뜰 우물가로 봄이 오는 소리 들리면
가시돋힌 명자나무 가지마다 주렁주렁 피어나는
선지빛 붉은 꽃이 매화꽃인줄 알았다
희뿌연 황사바람 지나간 자리
화들짝 놀란 꽃들 다 떨어지고 나면
노랗게 익은 열매를 따다가 담아 먹는 명자술
그 기막힌 향기 입술에 감치는 맛을 모르고 살았다

내가 사는 연꽃마을 초등학교 담벼락에
등 기대고 섰는 나무 한 그루
봄볕이 부끄러워 얼굴 붉히는 아이들처럼
조롱조롱 붉은 꽃들 붙어살고 있는데
거기 반쯤 기울어진 T자형 팻말에
명자나무라고 써 놓지 않았다면
그 나무가 명자나무인줄 모르고 지나칠 뻔했다
봄이 오는 것도 영영 모르고 지낼 뻔했다

자주목련꽃

주먹만한 흰 꽃들
활짝 피어난 백목련나무 곁에
꽃 몽우리 막 부풀고 있는
자주목련나무를 보면
누군가를 다시 만나
사랑할 수 있을 것 같아
내 인생의 꽃 같은 나날
돌아올 것만 같아
세상 모든 나무의 꽃들과 잎사귀
해바라고 섰는데
소가지 못된 계집아이처럼
봄볕을 보지 않으려고 고개 돌린
자주목련꽃들의 토라진 마음도
달래줄 수 있을 것 같아
연분홍빛 자주색 꽃잎이 스스로 몸 열고
흰 속살 보여줄 때까지
그냥 그대로 그 자리에 서서

그윽한 눈길로 말없이 바라보며
기다려줄 수 있을 것 같아

자동판매기가 전하는 말

입춘 지나도 바람은 여전히 맵다
몸을 녹이려고 자동판매기 앞에서
커피를 뽑고 있는데
조사연구실 민과장이
왜 사무실 커피 타 먹지 않고
돈 들여 뽑아서 먹느냐고 묻는다
그럴 때, 그런 질문을 받을 때
정말 시가 쓰고 싶어진다
자동판매기는 말을 하지 않지만
손 내밀면 따뜻한 커피 한 잔 내어놓을 줄 안다
긴 겨울 찬 바람에 떨고 서 있을 때
따뜻하게 손 잡아주는 사람 있던가
피곤하고 기분 상하여 일하기 싫어질 때
말 못하는 기계도 그윽한 커피 향기로
마음 달래줄 줄 아는데
내민 손 부끄럽지 않게 잡아주면서
위로의 말 한마디 건네주는
따뜻한 사람이 곁에 있는가

함부로 손 내밀지 말아라
다가와서 손 잡아주기는커녕
뒤통수 맞지 않으면 다행인 줄 알아라
다만 조용히 귀 기울이고
삐걱대는 마른 나뭇가지 쉰 목소리 같은
자동판매기가 전하는 말 가만 들어보아라

마흔살의 봄

이즈음 어느 술집에서나
드물지 않게 볼 수 있는 일
썩은 생선 같은 정치를 토막내어
안주 삼는 재미
뉘우칠 줄 모르는 뻔뻔한 위정을
척사하고 조롱하며 침 뱉기
침 뱉고 돌아서 고소해하기
스물한살 봄날엔 사랑을 했고
서른셋의 술자리는 희망이 안주였는데
마흔살 나이는
봄이 깊어질수록 더 쓸쓸하기만 하여라
지난 해 여름 큰 바람이 할퀴고 간 상처
바람에 뿌리뽑혀 드러누운 왕버들에
봄이 와도 꽃 필 줄 모르듯
시절이 바뀌어도 여물지 않는 혁명아,
문 닫고 불끈 집들처럼
말을 잊고 지내는 것이
이즈음의 처세술이라고

제 몸 하나 가누기 힘든 세상
어차피 인생은 헷갈리는 길 같아서
그래서 술이 약이라고
자꾸만 술 권하는 마흔살은
봄이 깊어질수록 더 쓸쓸하기만 하여라

친구

반갑다 친구야,
우리 다시 만나 살가운 정 뜨겁게
느껴본 것이 얼마만의 일이던가
차가운 겨울바람 속에서
졸업사진을 찍고
미운 정 고운 정 다 들어
차마 버릴 수 없는 친구들과 악수를 나누고
뿔뿔이 흩어지던 날의 기억 잊은 듯 했는데
세월 흐른 뒤에도
추억은 몸에 달라붙어
떨어질 줄 모르는 도꼬마리 같아서
세상에 비 오고 눈 내릴 때마다
낡은 흑백앨범을 자꾸 들추게 하고
어느 날 길에서 우연히 만난 동창생 녀석이
반갑게 손잡고 가까운 찻집으로 이끌던
그 따뜻한 손길이 자꾸 그리워지는 것이다
거친 폭포 뛰어넘고 강물 거슬러 오르며
숨 가쁘게 살아온 세월의 속주머니 뒤집으면

기억날까 친구야,
한때 우리 곁에서 빛나던 시간들
운동장에 홀로 그늘을 만들며 자라나던 느티나무
낡은 목조건물 푸른 지붕 위로 해 넘어갈 때
어린 마음에도 아름답기 그지없던 저녁노을
소중한 추억 가슴에만 묻어 둘 수 없어
우리 다시 만나 뜨거운 가슴 부둥켜안고
언제가 부르다가 만 그 노래를
다시 부르는 것이다

訃音

밤늦게 전화를 받고 불려나갔다
중앙병원 옆 골목 허름한 포장집
아는 얼굴 다섯이 모여 술병을 죽이고 있다
잔 받으슈 퉁명스런 말투로 술 권하는 서씨가
간밤에 박복남씨가 죽었다며 눈물을 떨군다
아내는 핏덩이 같은 딸아이를 버려두고
가출한 후 종무소식
낮에는 노동판으로 밤에는 노름판으로 떠돌다가
간암으로 몸져누운 지 삼년 만에 세상을 버렸다는데
복지도 없고 번지 없는 세월을 살아온
박씨의 이력을 아는 대로 열거하면서
우리는 참나무통맑은술을 나눠 마신다
순대국물 한 그릇에 고갈비를 찢으며
이거 복남씨가 평소 좋아하던 건데
누군가 중얼거리는 소리 눈시울 적실 때 즈음해서
포장 문을 밀치고 김씨가 들어온다
뒤늦게 도착하는 그를 아무도 나무라는 이 없는데
술잔을 선 듯 받아들지 못하고

무에 그리 미안해 반쪽 어깨 포장문에 걸치고
엉거주춤 서 있는 것일까

술 마시고 취해 본 놈들은

술 마시고 취해 본 놈들은 안다
두통의 밤이 지나고 갈증이 올 때
아무도 없는 듯 적막한 방안을 두루 더듬어
떠다놓은 물을 찾아 마셔본 놈들은 다 안다
그것은 물을 마신 것이 아니라
기억도 희미한 지난 저녁의 숙취를
다시 찾아 마신 것임을
적당히 목을 축인 다음에 알게 된다
그리고 한 종지 물을 떠다놓고 곤히 잠든
아내와 자식새끼들의 코앞에
아직 취기가 가시잖은 풀린 눈꺼풀 껌벅거리며
가져갔을 때, 그 때 또 알게 된다
때절은 캐시밀론 이불에 수척한 턱을 걸고 있는 이들이
살아봐야겠다, 살아봐야겠다고 몸부림치며
애지중지 살펴온 둘도 없는 내 살붙이들임을
그리고 또, 걸핏 때려치워야겠다고 생각되었던
알량한 직장에 대한 불만족과

막막한 삶에 대한 회의와 태만을
방금 마신 물처럼 씻은 듯이
마셔버리고 만 것임을 알게 된다

주머니 속 一錢이여

없는 자의 서러운 눈물 같은
한 잔 술을 삼키고 빈 잔을 놓으면
쉽게 취하는 저녁
닫힌 문 밖에 흰눈이 내린다
깔깔거리며 깔깔거리며 눈이 내린다
이 세상 절망과 이 저녁의 비통을 비웃는
저 눈발은 무엇인가
묻고 있는 동안 또 눈 내리고
다들 뭔가를 위하여 입모아 소리치고
서로의 술잔을 부딪는데
아무 것도 위할 것 없는 사람은
그저 머쓱해진 어깨를 추스릴 따름이다
구석에 자리한 사십대는
안주 대신 연방 쌍소리를 씹어대고
등 기대고 싶어지는 자정 가까이
발랄하게 흡연하는 젊은 여성의 희고 가는 손가락이
형광등 불빛에 반사되어 매력적으로 보일 때
퉁퉁 불어 맛이 없는 라면을 젓가락에 걸고

기어코 나는 맹서한다
이것으로 배고픔을 배신하고 마지막 힘을 내어
비웃음의 눈발 속을 달려가리라
노동에 지친 몸 눈 속에 파묻으며
가장 편안한 잠을 맞으리라
그러나 슬픔도 기쁨도 아닌
감추어진 내면에서 절로 흐르는 뜨거운 것이
방금 전의 맹서를 감쪽같이 지워버리고 마는 것은
그것은 술 때문이 아니다
노동이 신성해지는 저녁의 저자거리
딸년 같은 사과를 한바구니 흥정하고
흩날리는 눈발 속으로 기껍게 안기어 가는, 식솔들을 얼싸안으러 가는
 사내를 보았는가
 용서하라, 주머니 속 一錢이여

희망에 대하여

눈을 감아도 잠이 오지 않는
밤이 이슥토록 눈 내리는 날
좌판을 거둬가는 노점상을 따라가며
희망으로 포장된 캐롤송을 산다
백원을 깎아 사백원 주려는
흥정이 쉽게 이루어져서
불행한 지상의 모든 습지에도
송이 눈이 펑펑 내리는 날
소주처럼 쓴 절망을 마시고
별안간 방 안으로 뛰어 들어와
어두운 벽면에 기대어 서면
어두워지는 나의 반평생
의자 옆을 더듬어 전원을 켜면
삼십촉 밝기의 어둠이 나의 절망이다
아니다, 그렇지 않다
삼십촉 밝기의 빛은 나의 희망이다
보라, 주전자에 끓고 있는 물처럼
석유난로 위에 올려놓은 절망은

끊임없이 끓어 칙칙폭폭 희망의 증기가 된다
오전에는 물을 끓여 커피를 마시고
오후에는 물을 끓이지 못했던
희끗희끗 내리는 눈이 그치지 않는 그런 날에도
희망은 눈꽃 속에서 빛나고 있지 않은가

龜尾

龜尾, 거북의 꼬리
있는 듯 없는 듯 새마을 열차를 타면
지나치는 적 오히려 더 많아
수줍은 얼굴 함부로 내보이지 않는
한때의 세찬 젊음 다스려 주던 모성의 품 안
한겨울 진눈깨비조차 참 따뜻했던 구미
발갱이 능선에 엎어놓은 납작납작한 공장들
굴뚝마다 뜨거운 연기 뿜어내는
오염의 세월 그리워
살아가면 갈수록 비어지는 가슴에
捺染을 찍어대는 써늘한 직기소리
집들과 공장을 휘돌아 흐르는 강물에
마음의 짐 부려놓고
가슴 미어지게 출렁거렸던 비산나루의 오후
절망을 씻어 말리던 강물 속 상처의 시절을
이제는 아무도 기억하지 못하네
마음이 헐어지고 시절이 쓸쓸해지면 다시 찾을까
진눈깨비 날리는 사곡동 막다른 골목길

다시 찾아 빈집을 두드리면
풀감을 끓이다가 내 이름 정겹게 부르며
달려 나오실 어머니 메마른 입술 눈언저리
주름의 세월은 누가 덮어 줄 수 있을까

雙岩古家*

언젠가 한번 이 집에 와본 적 있는 듯하다
싸리나무 울타리 채송화 작은 꽃들
마당 가운데 터뜨려진 목백일홍 한 보재기 환한 웃음
뒷간에 우물 하나 청개구리 우는 소리
툇마루는 세월이 닦아놓은 윤기 흐르고
곱게 닳은 문설주 아득한 세월의 흔적 알 듯하다
아주 오래된 집에서의 나
처마 밑을 스치는 바람을 쫓다가 바람은 놓치고
어느 새 깜북 잠의 수렁으로 빠져드는데
재봉틀 앞에 놓고 새 옷을 지으시던 어머니
잠든 나를 방안으로 옮겨가실 때
볼에 와 닿는 젖가슴 아슴한 쾌감의 기억이 나는 듯하다
그런데, 分閤門 뚫고 쏟아져 들어오던
간지러운 햇살들은 다 어디로 간 것일까?

---

*쌍암고가 : 경북 해평면에 소재한 중요민속자료 제105호인 최상학씨 가옥. 집 앞에 큰 바위 두 개가 놓여 있다고 해서 쌍암고가라고도 불리는 이 집은 조선 후기 지방 상류 가옥의 대표적인 양식을 보여주고 있다.

모감주나무

그가 사랑한 여자는
직업과 가족을 버리고 산으로 도망가
모감주나무가 되었다고 한다
사랑을 잃은 사내는 주말마다 산을 오른다
산은 다가갈수록 멀어지고
나무는 숲 속에서 자주 길을 잃는다
사랑은 다 그런 것일까
오래 가야 일년 삼 개월
눅눅한 땀만 손에 쥐어놓고 도망산 여자는 깃이
산을 헤매며 길을 잃게 만드는 것일까
비 오는 날 사내는 산을 오른다
깊은 골짝 바위틈에서 나는 물냄새
쑥댓잎 흔드는 바람소리 휘젓고 다니다가
비겁한 지식에 기대어 삶을 망쳤다고
여자마저 놓쳐버렸다고 투덜대며
젖은 발걸음 돌려 세우는데
절 집 마당가에 웅크린 모감주나무
긴 회초리가 뒷등을 후려친다

숨길 수 없는 노래

한 여자가 즐겨 부르던 노래가 있었네
직업과 가족을 버리고 산으로 도망가
모감주나무가 되어 살고 있다는 그 여자
세간에 살 적 자주 불러주던 노래는
새소리 바람소리 물소리처럼
오래 들어도 싫증나지 않고
들을수록 가슴 미어지게 하는 장단이 있었네
주말마다 그 노래 음보를 좇아
산을 헤매고 다녔지만
그 여자 다시는 만날 수 없었네
바람 불고 비 많이 내리는 날
한적한 산사 산문에 기대어 다시 듣는 노래
천진스런 아이 같은 모감주나무 노란 꽃들이
남의 속도 모르고 바람과 빗방울로 엮어내는 소리였는지
몸은 숨겨도 마음은 숨길 수 없었던 그 여자가
절집 幢竿에 달아나는 마음 붙들어 묶으려고
남몰래 눈물 흘리며 부르는 노래였는지

돌아보니 걸어온 길이 등 뒤에서
길게 휘어져 있을 뿐이었다네

내 것이 아닌 세상

내게 일어나는 일을 내가 이해할 수 없네
세상이 내게 뭘 원하는지 모르고 살았어
조금 빠르기도 하고 늦기도 한 시간이 흐르는 동안
내 집이 없는 사람들의 마을을 서성거렸네
직업과 아내와 자식조차도 온전히
내 것으로 가져 본 적 없네
태어나 자라면 누구나 일을 갖고
누구든지 뭔가 하면서
제각기 꿈틀거리고 살아가는데
나는 한적한 길가 느릅나무 밑동에 등 기대고 앉아
물끄러미 먼 산만 바라보았네
벌레들, 일벌레들 저주 퍼부으며
자꾸만 세상 밖으로 밀려났네
이제는 몸도 마음도
한 장의 얇은 치즈처럼 여위어 가고
지식마저 썩어 냄새를 풍기고
사랑으로 믿었던 달콤한 말들도
내 것이 아니라는 느낌

세월을 뒤집어 주머니 속을 들춰보면
쓸쓸하게 몸 흔드는 동전 몇 개
손 안에 만져질 뿐이네

사랑가

오랜 세월 기다려온 여자를 만났건만
사랑한다는 말 가슴 속에 묻어 둔 채
정처 없이 길 떠나야겠네
소낙비 쏟아지는 깊은 밤 갈대숲
바람소리 물소리 귓전을 때리는데
가야할 길도 없이 서둘러 가는 걸음
아픈 마음일랑 은달개비꽃술에나 걸어두고
쉴 곳을 찾아가는 조각달 따라
새벽이 오기 전 강을 건너야겠네
불꽃같이 타오르던 사랑도
식어 재가 되는 그런 사랑 원하지 않아
기약 없는 약속은 남기지 않겠네

바늘꽃

갑자기 숲이 소란을 떤다
바스락거리는 나뭇잎 소리
비음으로 흐느끼는 바람소리
아카시아꽃 떨어진 자리
밤꽃이 혀를 날름거리며
물 흐르는 소리를 낸다
오랜 세월 꼭꼭 채워두었던
생활의 앞단추 풀어헤치고
붉은 자줏빛 바늘꽃 등을 찌르는
습한 그늘에 비스듬히 기대어
몰래 나누는 사랑

마량포 동백꽃

걸르기 일쑤인 식사
위장 장애와 불면증
알코올 중독이 주특기죠
손님 안 받는 날은 나이트클럽 가기
화투치기는 부업이고요
번지 없고 복지도 없는 홍등가
짐승보다 못한 사내놈들과
정붙이고 살아온 지 십삼년
꽃잎 같은 입술 다 문드러지고
곱던 얼굴 검은 꽃 얼룩이 피고
가슴은 바람 빠진 고무풍선
몸 망가지고 마음 썩어 느는 것은 빚 뿐
남은 것은 핸드백 속 아티반 한 알
찾는 남자 하나 없는 달빛 쓸쓸한 날 밤에는
열여섯 살에 잃은 순결이
저 혼자 골목길을 빠져나와
나의 살던 마량포 바닷가 동백나무
탐스런 꽃으로 활짝 피었다가

동백꽃보다 더 붉은 해 넘어갈 때
굵은 눈물방울 뚝뚝 떨구는 것을 보았는지요

사람을 그리워하는 그 일

 사람을 그리워하며 산다는 그 일 얼마나 큰 즐거움인지 몰라 수풀 속을 기어간 뱀의 흔적처럼 소문 한 장 남김없이 떠난 사람 잊지 않고 가끔 생각한다는 그 일, 얼마나 큰 행복인지 몰라

 창틀에 턱을 괴고 앉아 살아온 세월만큼 야위어진 갈매나무 가지를 바라보는 동안 나뭇잎 뒷면에 숨어 있다가 불쑥 얼굴 내밀 것 같은 노란색 꽃잎 같은 사람, 나 여기 있었어 키득키득 농을 건네며 다가와 손잡아 줄 것 같은 기대에 가슴 설레는 그 일

 낮달이 꼬리를 감추며 서산마루를 넘어 갈 때 유리창 두들기던 바람 눈물 몇 방울 손등에 떨궈오면 다시 추억의 긴 그림자 끌고 길을 나설지도 몰라

 집 앞 골목 어디쯤 곰팡내 나는 고서점 구석진 자리 바바리 코트 짧은 깃에 목을 파묻고 먼지만 남은 책들을 뒤적이고 있을 구겨진 그를 발견하게 될지도 몰라

사랑이 나를

사랑이 나를 낯선 곳으로 내몰았다
사랑이 나를 폐허 안에 떠돌게 했다
오랜 세월 사랑이 나를 정처없게 했다

사랑이 내게서 행복어를 앗아가고
몸과 마음 안에 깊은 병을 돌려주었다

무슨 죄값이 있어 이토록 모진 병 얻게 된 것인지
나는 그 병을 물어뜯고 할퀴며
우우 울부짖는 짐승이 되어갔다

소용없는 땀방울과 눈물 흘리고 나서야
비로소 사랑을 알 것 같은데
헐벗은 나무 잎사귀마다 아픈 마음들을
또 누가 흔들고 있나

다시 그리운 사랑

부질없는 기다림인 것을
나는 알고 있다 더는 찾아올
희망도 없는 방은 열려진 채로
옛 사랑을 그리워하고
그리움만으로 가득한 밤이
다시 길가로 나아가
부질없는 기다림으로 서 있다
지금 어디에 있느냐, 너는
어디서 무얼하고 있기에 너와 나는
만날 수 없느냐
불러도 대답 없는 사랑
숨어서 나누는 사랑은
함부로 슬퍼할 수도 없는
아무도 귀 기울이지 않는 노래인 것을
그러나 누구나 불렀던
희망 없는 시절의 사랑 노래를
잊을 수 없어
잊을 수 없어

나는 여기에 서 있는 것이네
더는 찾아올 희망도 없지만
더는 실망하지 않기 위해
별안간 방 안으로 들어왔을 적에
대문 밖의 불빛 아래에서 어울렸던 사람들은
자정이 훨씬 지나서도 헤어지지 못하고
주고받던 잡담과 불렀던 노래만
각자의 집으로 흩어져 가는 것이었다

미친 사랑의 노래

 그 여름날 한낮에 나는 미친 듯이 뛰어서 갔습니다 느릅나무 서 있는 거기까지 단숨에 뛰어가 아직 도착하기 전의 버스를 기다렸습니다

 엎드린 풀과 돌들 틈에 돋은 이끼와 모든 길의 먼지들이 일제히 일어나 눈꺼풀을 덮어오면 뜻모를 설레임 달뜬 가슴을 안고 성급한 풍선이 되어 부풀어 올랐습니다

 오랜 세월 기다린 당신이 버스를 타고 숨 가쁘게 달려와 이윽고 마주하는 순간을 가지고 왔습니다

 그러나 항상 그러하듯 잠깐동안 긴장이 느릅나무잎 사귀에서 전율하였을 뿐
 종일 행상에 지친 아낙과 빈 광주리 몇 가지 부려놓고 서둘러 가는 버스를 아쉽게 놓치고 마는 것이었습니다

어느 사이 마을은 구석구석 어둠이 깔리어 있고 오랜 세월 나는 무엇을 그토록 기다려온 것인지 도대체 알 수가 없었습니다

강가에 앉아 혼자 울지 않으리

아무도 없는 강가에 홀로 앉아 밤을 지새운 적 있는가
어둠 저편에 누군가 마냥 그리워 눈물 흘려본 적 있는가
함께 나누었던 말들이 아름다운 화음으로 귀를 적실 때
가슴 한 곳이 쓸쓸해지는 비애를 느껴본 적 있는가
차가운 방죽에 앉아 여명이 밝도록 술잔과 입 맞추었던 그날 밤
아직도 기억하고 있는가
나이 들면 추억에 기대 산다는데
加地枋 흔드는 바람 소리에 쉽게 덧나는 상처
얼마나 더 눈물 흘려야 강을 건널 수 있을까
얼어붙은 땅에 씨앗 하나 심어 놓고 봄을 기다리는 마음
아직도 한겨울 눈발 속인데
앙마른 가슴에 불 지르는 그대는 누구인가
깊은 상처 감추며 살아온 숭고한 세월을
여름날 햇살 속으로 불러내어
이상한 무지갯빛 그려내고 있는 그대는 누구인가

마지막 입맞춤 그리워지는 밤 다시 돌아와도
다시는 강가에 앉아 혼자 울지 않으리

몽유

부끄럽지 않은가
나의 비겁을 꼬집어
질책해 줄 사람 하나 찾아주지 않는
방이여,
문이 저 혼자 부끄러워져서 닫기고
어둔 벽면에 기대어
새우 같은 잠을 청하는데
무엇일까?
자꾸만 잠 밖으로 빠져나가
늦은 밤거리를 떠도는
나의 몽유는

4

기억들

삐걱이는 목조계단을 밟고 올라가
다락방에 숨어있던 기억들
굳은 빵조각처럼 쉽게 부스러져
먼지가 되어 소멸해가는 기억들
가끔 바스락거리는 소리를 내며 다가와
늦잠 자는 내 옆구리 느닷없이 쿡 찌르고
기억의 변방으로 도망가는 기억들
씹던 껌종이에 싸서 길바닥에 함부로 버린 기억들
지나가는 행인의 발뒷꿈치에 붙어 있다가
다시 내 발뒷꿈치로 옮겨붙는 끈적한 인생
일일이 기억해두기가 곤혹스러운 나쁜 기억들
늦은 밤 귀가길에 어머니의 걱정 속으로
눈발처럼 쏟아져내리던 젊은 날의 기억은
아름다운 추억으로 떠오르지만
추억이 때로 치욕으로 발음되는
기억하고 싶지 않은 것까지 기억나게 하는
책장마다 문맥으로 되살아나는 아픈 기억들
잊혀진 기억이 되살아나는 비애

쎄씨를 읽는 남자

그 남자 속을 아무도 모른다 그 남자 색깔을 짐작할 수 없다
그 남자 얼굴이 붉다 나이 마흔에 아직도 홍안이다
삐삐를 차고 다니고 PC통신을 즐기며 쎄씨를 읽는 남자
어제는 이대 앞에 가서
지난 주말 토토즐에 룰라가 입고 나온 쫄대바지와
펑키스타일 박스티 한 벌 샀다
오늘은 상표도 떼지않은 그 옷 입고
검은 선글라스 끼고 엉덩이 치며 거리를 활보한다
그 남자가 가는 곳은 레게바
그 남자가 부르는 노래는 날개 잃은 천사
그 남자가 만나는 여자는 스물 한 살
그 여자의 이름은 로즈 2
보름 전 구미텔에서 채팅한 여자다
번개 있는 날
나를 만드는 또 한 가지 나의 패션
마리끌레르를 입고 나온 그 여자는

작은 큐빅을 여러 개 박아 넣어 화려해 보이는
플라스틱 헤어핀과 블루하트 목걸이로 치장했다
목걸이 푸른 색이 마흔 나이와 마음까지도 청량하게 해준다
물 속을 들여다보는 것 같은 투명한 컬러
초록 위에 실버가 한 여름 더위를 잊고 살게 했다
그 여자는 투명하다
희고 가는 손가락이 은색과 만나서 더 투명하다
큐빅을 여러 각도로 커팅한 삼각반지 속에 그 남자가 들어 있다
그 남자 색깔 그 남자 속이 측면으로 비친다

돌 깨는 남자

팔뚝이 둥글게 휘어지며 근육이 불끈 솟아올랐다
흰 팔이 공중에 짧고 날카로운 선을 그었다
검은 돌이 쨍하고 깨어진다
두꺼운 손두덩이 붉은 얼굴 가슴털 쓸고나더니
해머의 손잡이를 또 한번 그러쥔다
한 여자가 검은 돌 속에 들어가 몸을 눕힌다
남자는 거친 손으로 그 여자 목걸이를 만지작거린다
목걸이 푸른 색이 파르르 떨린다
투명한 물 속을 들여다보는 것 같이
남자 속이 훤히 보인다
거칠고 검은 고무피질 땀에 젖어 번들거리는 가슴
울퉁불퉁한 어깨선이 달빛을 받아 푸르게 빛난다
남편과 헤어지고 나서 그 여자는 오랜 세월 혼자 살았다
어둠이 세상에서 가장 큰 고통이라는 사실을 알게 되었을 때
채석장에서 돌 깨는 남자를 만났다
거칠고 검은 고무피부가 그려내는 날카로운 직선을

사랑하게 된 이후로
시금치밭 같이 푸르고 싱싱한 밤을 맞는다
방안을 비추던 달빛이 둥글어지고
미끄러운 몸 위로 흘러 굽어 돌다가 직선으로 솟구치는 힘
거대한 해머가 돌을 깨듯 그 여자 속을 열고 있다

표절의 이유

여자들이 티브이를 켜는 이유는
이효리가 어떤 헤어스타일을 하고
화장은 어떻게 하였는지
어떤 옷을 입고 나왔는지 보기 위함이다
티브이에 나온 이효리의 탱크탑 스타일은
다음날 곧바로 장안에 화제가 된다
이효리의 패션을 모르면 유행에 뒤떨어진다고
여자들은 아우성친다
거울 앞에 조근하게 앉아
흐리고 진한 여러 개의 파우더를 섞어
오렌지빛 피부를 만들고
작은 입술에 보라빛 꽃을 피운다
다이어트를 좀더 해야하지 않을까
그녀는 잠깐 고민에 빠진다
머리는 지적인 커리어우먼 스타일에 맞게
단발로 커트할 것인지
굵게 웨이브를 넣고 부분 블리치와
전체 염색을 한 세련된 분위기로 꾸밀 것인지

그러나 어떤 고민도 그녀를 거울 앞에
오래 붙들어놓지 못한다
그녀가 달려가는 곳은 홍대 앞 101 클럽웨어
귀를 찢는 테크노 음악
어지럽게 돌아가는 크리스털 볼 현란한 조명 아래서
검정색 탱크탑에 허리를 드러낸 세븐진을 골라 입은
그녀는 세상에서 가장 행복한 얼굴로 피카소 거리를
누빈다
뒤뚱거리는 걸음걸이가 약간 어색해 보이긴 하지만
이국적인 눈매 표현을 위해 파란색 렌즈를 낀
그녀의 표절은 아름답다

효리허리

허리가 가는 미인을
개미허리라고 부른다는데
요즘은 효리허리라고 한다
배꼽을 훤히 드러내고 부끄럼 없이 다 보여주는
탱크톱 스타일 도발적인 짧은 티에
시대의 문화가 있다
가느다란 밧줄 같은 실뱃살
2홉들이 소주 반 병 분량의 살이 더 들어가
한껏 물오른 듯 보이는 밑 허리선
엉덩이 뒤로 빼고 요염하게 돌리는 허리춤의 탄력
저, 저, 육감적 동작이 만들어내는
그녀의 문화를 읽느라
우리나라 뭇남성들은 날밤을 샌다
효리의 텐 미니츠에 이목이 집중되는
올 여름 더위가 일찍 뜨겁게 달아오른다
효리허리처럼 되고 싶은 여자들은
허리춤 깊숙이 군살 감추고
핫핑크색 스플래쉬 립글로스 짙게 바르고

이효리의 필라테스 다이어트를 찾아간다
로또 다음으로 뜨는 키워드
효리허리는 17세
희미하게 깜빡이는 화살이 검색해낸
시대의 문화를 접속하러 간다

카페 물땡땡

압독국 왕립학교 지나서
세상 끝까지 달려온 버스가
줄지어 쉬고 있는 종점을 빠져나와
큰 길 건너 그윽한 골목 안으로 숨어들면
물방울 탁자 물빛 천정 땡땡이 무늬 속
일상에 겨운 몸 기대고 쉴 만한 물가가 있다
미모의 여류작가와 마주앉아
갓 뽑아 낸 에스프레소 한 잔에
리파티의 피아노와 짧은 생애에 대해
밤새도록 이야기 나눌 수 있다
깜박거리는 백열등 아래
현기증을 느끼며 비스듬히 의자에 기대어 앉거나
한 장의 얇은 치즈처럼 가늘게 여윈 몸 구부러뜨리고 있다가
그냥 돌아와도 나쁘지 않다
탁자와 천정의 물방울 무늬들 말없이 들여다보는 동안
세상 밖에서는 쉽사리 죽어버리는 나의 일부가

카페를 장식한 물방울무늬처럼 둥글어지고
땡땡하게 일어서는 것을 느낄 수 있다
강렬한 불꽃 타오르는 튜울립 붉은 그림 속
불의 싱싱한 마음 끓어오르는 곳
압독국 왕립학교 지나서
세상 끝까지 달려온 버스가
줄지어 쉬고 있는 종점을 빠져나와
큰 길 건너 그윽한 골목 안으로 숨어들면
물방울 탁자 물빛 천정 땡땡이 무늬 속
일상에 겨운 몸 기대고 쉴 만한 카페가 있다
여직 그 자리에 그대로 있을 리 없는
다시 찾고 싶은 물땡땡

바깥

이른 아침 눈뜨니 창 밖이 붉다
막막하게 드러누운 몸과 차디찬 방바닥
갑자기 세상이 없어져 버렸거나
이미 죽은 몸이 틀림없다
다급하게 거울 앞으로 뛰어간 나는
어제의 두개골을 쪼개고 안을 들여다보았다
거기 어떤 털 달린 짐승보다
더 무서운 짐승 하나 웅크리고 있었다
한 마리 우울한 곤충처럼
동굴 같은 방 속에 미동도 않고 지내 온
비겁한 나이가 숨어 있었다
왜 말하지 못했을까
해 저물고 틀림없는 저녁이 오듯
지친 하루를 끌고 들어오시는 아버지
굽은 등뼈 너머 수심이 밀물져 올 때
목구멍을 간지르는 밥알이 치욕 같았다는 것
희망이 풍선처럼 부풀었다가 터지고
부풀었다가 터지고

그런 순간이
반복되는 동안 나는 왜
나의 분별을 동굴 같은 방 속에만 가둬뒀을까
오오, 오랜 세월 남의 땀과 남의 눈물만 흘렸습니다
울부짖으며 외치는 말 속에 피가 섞여 나온다
약을 먹고 토하니 어제 먹은 밥도 튀어나오고
나중에는 내장까지 달려나오는 기이한 일이 벌어졌다
닫힌 문 박차고 세상 밖으로 뛰쳐나왔지만
바깥은 여전히 붉다

아무도 그것에 대해 말할 수 없다

한 잎의 잎사귀에 대해 말한다
아무도 그것에 대해 말할 수 없다
사실은 말을 하고 있기는 하다
잎사귀의 넓적함이라든가
여위어 가는 계절에 대해
혹은 조락하는 세월에 대해
여러 가지 비유와 상징을 갖다 붙인다
낮과 밤의 구분에 대해서도 말하지만
그것을 설명할 분명한 지식이 나에겐 없다
단순한 모양의 차이, 그것 이상으로
무엇을 더 말할 수 있으랴
화법이 숭배 받는 것을 나는 참을 수 없다
나의 화법은 궤변이 되도록 훈련받았다
한 잎의 잎사귀가 왜 잎사귀로 불리는지
그것은 궤변이 아니면 풀 수가 없다
아무도 호명하지 않은 잎사귀가
저 혼자 푸르고 조락하는 것을
누가 화법으로 말할 수 있겠는가

문 잠그고

문 잠그고 방 안에 몸을 눕힌다
쥐똥 같은 눈물이 뚝뚝 흘러내린다
살았던 세월이 더디게 여위어간다

헐렁해진 윗몸을 일으켜 물을 찾는다
물은 항상 욕망 부근에 고여 있다
그 물을 찾아 마시고 또 뱉아놓는다

문 밖이 소란해진다 앙칼진 목소리
한 여자가 목청을 돋우고
그 여자를 나무라는
처지고 쉰 남자의 목소리도 들린다

어두워진다 세상이
마치 술 취한 듯 검붉어졌다가
문 밖에서 황급히 지워진다

| 시인의 산문 |

시의 발뒷꿈치

■ 시의 형벌

 단 한 줄의 시도 써지지 않는 그런 날이 있다. 그럴 때 시를 안다는 것이 끔찍한 형벌이라는 생각이 든다. 무슨 중병에나 걸린 환자처럼 끙끙 앓다가 그래도 실마리가 풀리지 않으면 심한 열등감에 빠져 우울하게 하루를 보낸다.
 방문을 꼭꼭 걸어 잠근 채 방문보다 더 굳고 단단한 침묵으로 몇 시간이고 버틴다. 누가 와서 방문을 두드려도, 아무리 전화벨이 울려도 기척도 않고 그대로 며칠을 보내는 경우도 있다.
 그렇게 며칠을 더 보내고 창 밖을 내다보면 거리의 풍경들이 일그러져 보인다. 그때 거리는 마치 표현주의파 화가 에르바르트 뭉크의 그림을 보고 있는 듯하다.
 가을의 저 강렬하고 화려하며 발랄한 색채들이 시선

을 잡아끈다. 하늘과 강물, 그리고 대지는 저마다 생명의 기쁨과 생을 유지하려는 욕망으로 꿈틀대는 데 나는 웅크린 몸, 정신을 펴지 못한다.

■ 편견

언제부터인가 그랬다. 글을 쓸 일은 많은데 내 의지와는 관계없이 쓰는 경우가 대부분이다. 문학적인 글보다 업무적 글쓰기가 스트레스를 주는 경우가 많다. 논리나 관념에 의해 쓰는 것이 아니라 정서적으로 쓰는 글들을 남기고 싶다.

아무리 그럴듯한 논리가 있다고 해도 그 바닥은 매우 비논리적이고 이기적이며 단순한 정서에서 출발하기 마련이다. 그럴진데 글에 무슨 논리가 필요하다는 말인가. 이것은 글에 대한 나의 편견이다. 이러한 편견이 오랜 절필을 낳게 한 나쁜 징후가 되었을런지도 모른다.

■ 특허권

생각컨대, 나의 십대는 구속하는 것들로부터 끊임없이 탈출을 꿈꾸는 갈망으로 늘 충만해 있었다. 제도와 규칙에 근원적으로 불복종하는 반항기가 싹트기 시작한 것도 그 때부터였다.

십대가 끝나갈 무렵 나는 억압과 지배로부터 벗어나는 특허권을 획득했다. 그것이 문학이다.

■ 허방 짚고 다닌 삶

  사람들이 살아가는 형태는 실로 다양하지만 대개 두 가지 방식으로 살아간다. 일상적인 것에서 안락함을 찾고 만족하며 사는 모습과 일상적인 것으로부터 일탈하여 변화를 꿈꾸며 살아가는 모습이 그것이다.

  어느 쪽인가 하면 나는 확실하게 한 가지 모습으로 살지 못하고 매양 갖지 못한 다른 쪽 세계를 기웃거리거나 현재의 삶을 후회하고 내가 걷는 길을 비관으로 덧칠하는 생을 살았다.

  나는 현재의 옷을 벗고 일탈하여 어떤 다른 것을 찾는 데 생을 다 바쳤다. 세상으로 난 숱한 갈래 길들을 헤매고 다녔지만 허방 짚고 돌아와 보면 내가 찾던 것은 그 자리에 원래부터 놓여 있었던 것이다.

  이제는 가능한 보편적인 삶의 양식 속에 안주하는 삶을 살고 싶다. 홀애비와 과부간의 사랑이야기를 아름다운 음악과 영상으로 표현한 끌로드 르로슈(Claude Lelouch) 감독의 「남과 여」에 나오는 노래가사 중에 '우리 속의 행복이냐 진흙탕 속의 자유냐'라는 귀절이 있다. 내 삶은 진흙탕 속의 자유를 빠져나와 우리 속의 행복으로 가고 있는 중이다.

■ 길

세상의 길은 두 갈래 길로 나뉜다. 모든 길은 오른쪽이 아니면 왼쪽으로 갈라진다. 그 길이 내면(정신)으로 향하는 상징적인 길일지라도 마찬가지다. 한쪽은 자기 안으로 향한 길이고 다른 한쪽은 자기 밖으로 향한 길이다. 사람들은 대부분 한쪽 길만을 선택해 그 길을 평생 가고자 꿈꾼다. 그러나 일생동안 사람들은 수만 가지 길을 만난다. 그때마다 어느 한쪽 길만을 고집할 수는 없다.

문학에의 길도 마찬가지이다. 어느 쪽인가 하면 나는 좌도, 우도 아닌 길 가운데 서서 망설이는 모습으로 그 동안 글을 써왔다. 남들은 벌써 길이 끝나는 곳에 가 있는데……. 길의 초입에도 들어서지도 못하고 두 갈래의 길 가운데 주저앉아 망연자실하는 모습이라니. 헐,

■ 만년필로 시 쓰기

내가 시를 쓰기 시작한 것은 아버지가 고등학교 입학 선물로 사준 빠이롯뜨 만년필 덕분이었다. 그 만년필로 처음 시를 쓰기 시작했다. 일기도 쓰고 무수히 많

은 편지들을 썼다. 나중에는 그 만년필이 아니면 한 줄의 글도 쓸 수가 없게 되었다.

나이가 들면서 그 만년필보다 훨씬 값 비싸고 좋은 것을 가질 기회가 여러 번 있었지만 어떤 만년필도 그 것보다 글을 잘 쓰게 하지는 못했다. 얼마나 정이 들었는지 나중에는 잉크가 새어 쓰지 못할 정도가 되었는데도 오랫동안 그 만년필을 버리지 못했다.

컴퓨터라는 새로운 문명의 기기가 우리 생활에 찾아온 것은 그리 오래된 일이 아니다. 그런데도 불구하고 몇 년 사이 컴퓨터는 우리의 일상 생활에 괄목할만한 변화를 가져다 주었다. 그것은 엄청난 혁명이며 지금도 빠른 속도로 진행 중이다.

글을 전문적으로 쓰는 사람들은 대부분 펜과 노트 대신에 자판과 화면을 앞에 놓고 몽상에 잠긴다. 펜을 쥐고 종이를 내려다보면서 글을 쓰는 모습을 이제는 찾아보기가 쉽지 않다. 자판 앞에 양손을 벌려놓고 화면을 응시하는 것이 요즘 글을 쓰는 사람들의 보편적인 모습이 되었다.

한 자루의 만년필에 익숙했던 나의 손은 클로바 타자기로, 다시 전동타자기로 옮겨 다니다가 486에서 586으로, 펜티엄급으로 업그레드되어 왔지만 만년필로 쓸 때보다 밀도 있는 글이 써지지 않는 것 같다.

장정일은 네 번째 소설 「보트하우스」에서 오늘날의 작가들을 "너나 없이 핸드폰이나 삐삐를 들고 다니며, 아파트나 자동차든 대중들이 욕망하는 것을 똑같이 욕망하는, 삼성맨인지, 현대맨인지, 대우가족인지, 연예인인지, 삐끼인지가 헷갈리는 양계장의 닭들" 같은 존재라고 표현했다.

나는 '양계장의 닭들 같은 존재'가 되지 않으려고 얼마 전 제법 고가인 워터맨 만년필 한 자루를 마련했다. 작은 수첩을 들고 다니면서 보고 들은 것, 생각나는 것들을 그 만년필로 꼼꼼하게 메모해 둔다.

「보트하우스」에서 장정일이 글이 써지지 않자 프로정신을 가지고 처음 시작하던 초발심의 상태로 돌아가겠다는 의지를 보이며 출세작을 쓰던 그의 필기구 크로바 타자기를 찾아다니듯이 나는 새로 마련한 만년필을 통해 초심의 상태를 되찾으려고 노력 중이다.

■ 내 것이 아닌 세상

안타까운 일이지만 나는 어떤 행복도 오래 향유할 수 없는 운명을 타고난 듯 하다. 곰곰 생각해보니 지금껏 내가 좋아하고 내게 필요한 것들은 모두 남에게 주거나 빼앗기면서 살았다.

성장기 시절에는 무엇이든 새 것을 가져본 기억이

별로 없다. 언제나 형이 입던 옷을 물려받아 입고, 형이 쓰던 학용품을 얻어 쓰고, 심지어는 문예현상공모 같은데 시를 응모하여 받은 당선 상금도 형의 용돈으로 상납당했다.

교내 백일장에서 장원을 차지하고 상품으로 받아온 빠이롯뜨 만년필은 제대로 한번 써보지도 못하고 형의 차지가 됐다. 어머니가 앙고라 501 장미표 털실로 정성껏 짜주신 겨울스웨터와 생일날 아침밥상에 올라온 계란후라이마저도 은근히 형의 차지가 되기 일쑤였다. 그러면서도 빼앗긴다는 생각은 하지 못하고 집안의 장손인 형은 당연히 그 모든 것을 가질 권한이 있다고 믿었다.

그러다가 보니 내 것을 제대로 챙기지 못하는 습관이 몸에 배여 집 밖에 나가서도 누가 "그거, 나줘!" 하면 그것이 무엇이든지간에 망설임 없이 건네주는 멍청한 버릇이 생겨버린 것이다.

고등학교 시절 미국으로 이민 간 숙부가 설을 쐬러 잠시 귀국하면서 사온 제법 비싼 시계를 문예반 선배가 저당 잡혀 술값한다고 빌려 달라고 해서 선뜻 벗어준 적이 있는데 영영 돌려받지 못해 아버지에게 엄청 혼난 적도 있다.

별로 자랑거리가 못되는 부끄러운 과거사 한 가지를

더 밝히자면 나와 인연이 된 여자를 그런 식으로 잃어버리고 떠나보내기를 몇 차례나 경험한 사실이다. 살아가면 갈수록 세상은 내 것이 아니라는 생각이 분명해졌다.

가슴 속 빈 의자에 가을이 되어 낙엽이 떨어져 쌓이고, 겨울이 와서 눈이 쌓이고, 마음이 고요하게 가라앉은 다음 나는 빈 마음의 자리를 메우기 위해 만년필에 눈물 몇 방울 찍어서 시를 쓰기 시작했다.

■ 손

이 정도 살았으면 세상일에는 웬만큼 이력이 날만도 한데 도무지 하는 일마다 서툴기 짝이 없다. 벽에 액자를 걸기 위해 못 하나를 박는 일도 망치를 잘못 휘둘러 손등을 찍기 일쑤요 누구나 간단하게 고치는 물건도 손을 댔다하면 아주 못쓰도록 망쳐놓고 만다.

너무나 뻔한 한 사람 몫의 일인 데도 반드시 남의 손을 빌어야만 겨우 해결을 볼 수가 있었으므로 그럴 때마다 내 자신이 아무 짝에도 쓸모없는 인간으로 여겨져 참담해지고 외로워지기까지 하는 것이다.

그것은 손 때문이다. 사람들은 내 손을 보고 여자 같다고 말한다. 가냘픈 뼈대와 왜소한 체구도 그렇지만 무엇보다도 손이 남자답지 않게 너무 고와서 자라면서

어지간히도 놀림감이 되어 왔다.

　중년을 넘어선 지금도 누군가 반가움의 표시로 악수를 청하면 손을 감추느라 전전긍긍하면서 신경전을 벌일 때가 많다. 상대방으로부터 자기를 반기지 않는 것이 아니냐는 식의 오해를 사면서까지.

　사람은 누구든지 일을 해야 사람답게 살 수가 있다. 그래서 일하는 손이야말로 세상에서 가장 아름다운 손이라고 말들 하는데 내 손은 아무런 능력도 갖지 못한 듯하고 보기마저 남부끄러울 정도로 섬약(纖弱)하게 생겨서 스스로 한심하게 생각되었던 적이 한두번이 아니다.

　오랜 고민에 빠져있던 나는 햇빛이 유난히 따사롭던 어느 젊은 날 기어이 보기 싫은 손과 결별을 해야겠다는 엉뚱한 생각으로 오른손에 돌덩이를 들고 왼손을 찍어버린 적이 있었다.

　그러나 이제는 신체 부위 중에서 손을 가장 사랑하게 되었다. 그것은 시를 쓰면서부터였다. 아무짝에도 쓸모없어 보이던 손이 시를 쓰면서부터 아름답게 보이기 시작했다.

　신경림 시인이 「아름다운 손들을 위하여」라는 시에 말하듯 거친 일을 해내는 투박한 손은 아니지만 '세상을 떠받치고 있는, 세상을 만들어가고 있는' 아름다운 손이 될 수 있다는 기대를 갖고 살게 된 것이다.

 누구나 자신의 신체 부위 중에 부끄러운 부분 한 가지쯤은 있기 마련이다. 그것은 감출수록 추해지고 드러내고 싶지 않은 약점이 되지만 생각하기에 따라서 장점으로 만들거나 개성으로 바꿀 수 있다. 아무리 많은 사람들로부터 사랑을 받는다고 하여도 결국은 자기를 제대로 알고 사랑할 수 있는 사람은 바로 자기 자신이다.

  ■ 돌의 의미

 다양한 모양의 돌을 줍거나 안아다가 방안에 차려놓고 감상하는 모습은 돌의 무늬와 형상만큼이나 아름답고 멋스러워 보인다.

 나도 여러 번 탐석을 나간 적이 있다. 그러나 종일 따가운 햇살을 받아가며 돌밭을 뒤지고 다녀도 하나의 돌도 발견해내지 못하는 경우가 대부분이다. 물 속에 가라앉은 돌 하나가 그럴듯하다 싶어 첨벙 발을 담그고 건져보면 물 속에서 보았던 아름다운 빛깔은 간 곳이 없고 그저 평범한 돌 하나가 햇빛에 바래지고 있을 따름이다.

 일생일석(一生一石)이라고 했는데 벌써부터 좋은 돌을 기대하는 것은 턱없이 과욕을 부리는 것이라는 생각으로 아쉬움을 달래며 돌아오곤 한다. 그럼에도 불구하고 탐석하는 과정은 언제나 신선하고 착실한 재미를 느끼게 한다.

돌밭 가운데 쪼그리고 앉아 가만히 들여다보면 돌에도 얼굴이 있다. 눈과 입과 귀가 있고 모진 바람과 싸워 이겨온 이마의 주름살도 있다. 비와 바람, 흐르는 물에 씻겨내려진 갖가지 돌의 형태는 우리들의 삶과도 아주 닮아 있다. 돌의 침묵은 어쩌면 한편의 시와도 닮아 있다.

돌을 수집하는 사람들은 나무나 풀처럼 돌에도 생명이 있다고 믿고 있다. 그래서 아예 자신이 없는 돌은 가져가지 않는다. 간혹 캐낸 돌을 옮겨가다가 도중에 마음에 들지 않아 버리고 싶더라도 아무데나 함부로 버리지 않는다.

최인호의 소설 「돌의 초상」을 보면 "마치 초파일날 물고기를 사서 냇가에 放生해 주는 듯 돌은 캐었던 자리에 갖다놓는 것이 원칙"이라고 말하고 있다.

돌 하나가 지닌 자연의 멋과 자연의 숨결에 닦이면서 만들어진 돌의 갖가지 형태미를 완전하게 음미해내려면 자연을 거스르지 않고 그 법칙을 배우고 따르는 자세가 먼저 갖춰져 있어야 한다는 것을 깨닫게 해주는 대목이다.

■ 더디 오는 봄

전에는 남성적인 동해바다의 모습이 더 좋다고 생각했는데 요즘은 서해바다의 여성적인 모습이 더 좋아졌다. 남자가 나이가 들면 여성적이 된다는 말이 맞는가 보다.

서해바다는 격정적이지 않아서 좋다. 멀리 나갔던 바닷물이 사나운 기세로 쳐들어오는 동해의 성난 파도와 달리 서해바다는 가만가만 밀물을 데리고 올 뿐이다. 그런 모습이 어느덧 중년을 넘어선 내 나이를 닮았다는 생각이 든다.

나이를 먹는 일이 '꼭 숙제를 안했는데 학교 가야 하는 초등학생 같은 기분'이라거나 '죄 없이 받아야 하는 벌처럼 억울한 마음'이 든다는 어느 중년부부의 고백이 실감나게 새겨지는 나이가 되어버린 것이다.

세찬 빗줄기를 맨몸으로 맞으며 길을 걸을 때 가슴이 절로 불타올랐던 청년은 이미 몸 밖으로 저 혼자 여행을 떠난 지 오래 되었다. 꿈 많고 파릇파릇하던 때가 엊그제 같은데 어느덧 삶의 모퉁이를 돌아선 모습이다. 단단한 어떤 것도 삭이고 녹아지게 할 수 있을 것 같았던 펄펄 끓던 용광로는 몸 안에도 마음 안에도 이미 존재하지 않는다.

이제는 '달리기만 할 수 없는' 나이. 그래도 봄은 온다. 나이 만큼 더딘 걸음으로.

엊그제까지만 해도 우듬지에 뾰족하게 마르고 길쭉한 연두색 잎눈이 어서 봄이 와 주기를 기다리며 가늘게 떨고 있는 것을 보았던 것 같은 데, 드문드문 하얀 살구꽃이 피고 산수유 가지에도 노란 꽃들이 앙증맞게 매달리기 시작했다.

■ 시간에 관한 단상

"시간은 전후로 배열되는 움직임의 숫자이다"고 말한 아리스토텔레스식의 시간 개념을 나는 그대로 받아들일 수가 없다.

시간은 〈삶〉과 〈죽음〉 사이에 있는 것이며, 〈꿈〉과 〈현실〉 사이에 있는 것이고, 〈안〉과 〈바깥〉 사이에 있는 것이다.

시계가 처음부터 둥근 모양으로 만들어진 것은 순환적인 시간관에 의한 것이라고 한다. 또 원형 시계는 하늘을 본떠 둥근 얼굴을 하고 있다고 한다.

시간과 시계에 얽힌 다양한 생각을 자연의 영원성과 인간의 유한성을 비교해보는 시각으로 시를 풀어간다면 행간마다 맛있는 꿀물이 넘치게 쓸 수 있을 텐데……

■ 시의 권능

시인은 관념에 얽매이거나 지배되지 않는 특허권을 가지고 있다. 시인의 권능은 인식된 틀을 깨고 언제든 세계로부터 벗어날 수 있는 자유성을 갖는 데서 나온다. 근원적으로 그것은 어떤 제도와 규칙에도 불복종한다.

박상봉

1958년 경기도 양주에서 태어남.
계명대학교 영문과를 졸업하고,
1981년『시문학』추천 이후 박기영·안도현·장정일 등과
동인지『國詩』를 통해 시를 발표하기 시작하다.
공동시집『잠시 나가 본 지상』등이 있다.

카페 물땡땡

초판 1쇄 / 2007년 3월 10일
초판 2쇄 / 2007년 10월 10일

지은이 / 박 상 봉
펴낸이 / 박 진 환

펴낸 곳 / 만인사
등록번호 / 1996년 4월 20일 제03-01-306호
주소 / 대구광역시 중구 대봉2동 743-7번지
전화 / (053)422-0550
팩시밀리 / (053)426-9543
E-mail : maninsa@hanmail.net

ISBN 978-89-88915-73-8

이 책의 내용의 전부나 일부를 재사용하려면
반드시 저작권자나 만인사 양측의 동의를 받아야 합니다.

값 6,000원